打败拖延症

郄亚威 编
锄豆文化 绘

现代教育出版社
Modern Education Press

图书在版编目(CIP)数据

打败拖延症 / 郄亚威编；锄豆文化绘. -- 北京：
现代教育出版社, 2024.9（2024.12重印）.
ISBN 978-7-5106-9454-7

Ⅰ．C935-49
中国国家版本馆CIP数据核字第20240RD049号

书　　名	打败拖延症
编　　者	郄亚威
绘　　者	锄豆文化
选题策划	李　硕　徐　琰
责任编辑	李　硕
封面设计	王淑聪
出版发行	现代教育出版社　邮编：100120
地　　址	北京市东城区鼓楼外大街26号荣宝大厦3层
电　　话	010-64252230（编辑部）
印　　刷	三河市华骏印务包装有限公司
开　　本	710 mm×1000 mm　1/16
印　　张	10
字　　数	65千字
版　　次	2024年9月第1版
印　　次	2024年12月第5次印刷
书　　号	ISBN 978-7-5106-9454-7
定　　价	49.80元

版权所有　翻印必究

第一章 "搞懂"昨天、今天和明天

- 01 为什么总觉得时间过得太快 … 2
- 02 为什么迟到的总是我 … 6
- 03 早上不爱起床怎么办 … 10
- 04 吃饭慢吞吞怎么办 … 14
- 05 临睡前,作业为什么还没写完 … 18
- 06 老师布置的任务,为什么总完不成 … 22
- 07 为什么我总是匆匆忙忙 … 26
- 08 为什么熬夜复习还是没考好 … 30
- 09 为什么假期总是「烂尾」 … 34

拒绝拖延!

第二章 决定了,就立刻去做

- 01 如何分清事情的轻重缓急 … 40
- 02 明明很努力,为什么没成果 … 44
- 03 朋友约我,可我还有很多事没做完 … 48
- 04 这样安排,就能安心出门了 … 52
- 05 房间为什么总是杂乱无章 … 56
- 06 为什么总感觉每天的时间不够用 … 60
- 07 作业量一样,为什么我总做不完 … 64
- 08 上学前的物品准备总是做不好 … 68
- 09 如何拯救我的拖拖拉拉 … 72
- 10 总是玩一会儿再做,就「没救」了 … 76

我要好好学。

第三章 学霸都是"时间控"

- 01 原来时间都是这么溜走的 …… 82
- 02 如何正确设定目标 …… 86
- 03 如何高效复盘当天的学习 …… 90
- 04 你知道什么是假努力吗 …… 94
- 05 考试前我为什么会选择"摆烂" …… 98
- 06 不钻牛角尖，停止内耗 …… 102
- 07 如何戒掉"橡皮综合征" …… 106
- 08 自控力强的人是如何养成的 …… 110
- 09 学霸每天都坚持做什么 …… 114

第四章 执行力是打败拖延症的魔法

- 01 如何高效利用你的周末 …… 118
- 02 戒掉拖延，执行力会有多强 …… 122
- 03 比起学习时长，学习效率更重要 …… 126
- 04 今日事，今日毕 …… 130
- 05 难题"拖一拖"，知识漏洞越来越大 …… 134
- 06 没了借口，时间会有多爱你 …… 138
- 07 如何高效利用课间时间 …… 142
- 08 什么时间学习会更高效 …… 146
- 09 四大记忆法，让你学习更轻松 …… 150
- 10 打败拖延"小怪兽" …… 154

第一章

「搞懂」昨天、今天和明天

01 为什么总觉得时间过得太快

● 1个小时怎么过得这么快？早饭刚吃到一半，妈妈就提醒我上学要迟到了；吃完晚饭马上就开始写作业，可是作业还没怎么写，就已经到上床睡觉的时间了。

快点儿吃，上学要迟到了！

○○○

你是不是也总觉得时间过得飞快？

是的，时间好像一眨眼就过去了。  **不是**，我感觉时间过得好慢呀！

「时间过得太快了」

起了个大早,洗漱完就开始吃早饭了,**可是饭还没吃完**,就到上学时间了。

课间休息时,**刚和同学说了两句话**,就要上课了。

放学回到家,**刚看了一会儿动画片**,妈妈就说到时间了。

晚上写作业,**一半都没写完**,就到睡觉时间了。

1小时究竟可以做什么

- 一集动画片的时间大概20分钟,1小时可以看三集动画片。

- 吃一顿饭的时间在30分钟左右,1小时可以用来吃两顿饭。

- 每天的作业有书面作业和实践作业,1小时可以用来完成书面作业。

- 一节课45分钟,1小时可以用来认真上一节课,并用剩余的15分钟温习所学的知识。

如何高效利用放学后的黄金时间

到家后可以不必立即开始写作业，**先休息20分钟左右。**
上洗手间、清洁双手、喝点水、吃点东西，或者看会儿动画片，缓解一下白天的压力。

休息完就要准备进入学习状态了，
先定下目标，如在晚饭前完成作业。
列出作业清单，写作业时要全神贯注，
不随意走动或做其他事，
完成一样在清单上画"√"。

吃完晚饭，休息半小时，
复习学过的知识并预习第二天要学的内容。
接下来的时间可以自由选择做运动、阅读、看电视、玩游戏等。
睡前可以和父母谈心，
总结这一天的收获，9:00熄灯睡觉。

02 为什么迟到的总是我

每天都卡点儿去学校,早饭都来不及吃,还是会迟到。同学和老师投来的目光让自己很焦虑。

到校前你是不是也经常这样?

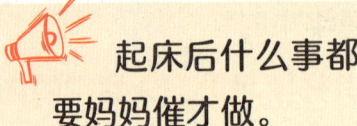
起床后什么事都要妈妈催才做。

总以为时间充裕,所以不着急。

快迟到了才开始紧张起来。

早上才收拾上学要带的东西。

「经常迟到真的受不了」

迟到后心情变差,容易**对上学产生抗拒心理**。

为什么我总是会迟到?**明明都不赖床了**。

同学都笑话我是**小懒虫、迟到大王**。

因为**来不及吃早饭**,上课时肚子饿,不能集中精力听讲。

永争"第一",拒绝迟到

✓ 起床闹钟一响,就准备起床。不要总想着再睡几分钟。

✓ 洗漱要抓紧,争取在 10 分钟之内完成。

 吃早饭不挑食,不磨蹭。

✓ 每天晚上睡觉前整理好上学要带的东西,不要到第二天早上才收拾。

✓ 上学路上不逗留,不与同学打闹玩耍,从而浪费时间。

我一定要改正迟到的习惯!

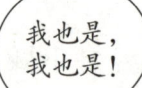

我也是,我也是!

不迟到,学习**更上**一层楼

一日之计在于晨,
早起 10 分钟,运动拉伸一下,
激活身体,能让精力更充沛,
心情更舒爽,会大大提高学习效率。

早上 6:00

春眠不觉晓……

上午 6:30

将早上的时间规划好,
早饭前可以早读 10 分钟,
唤醒大脑,
提前进入学习状态。

提前到学校,
不慌不忙,整理课桌和书本,
和同学们一起开启美好的一天。

上午 7:40

晚安!
晚安!
晚上 9:00

早睡是早起的关键,
按时睡觉才能保证睡眠充足。

03 早上不爱起床怎么办

因为没睡够被叫起来,心情很郁闷,看什么都不顺眼,总想发泄心中的怨气。"起床气"太重,可能会影响一天的好心情。

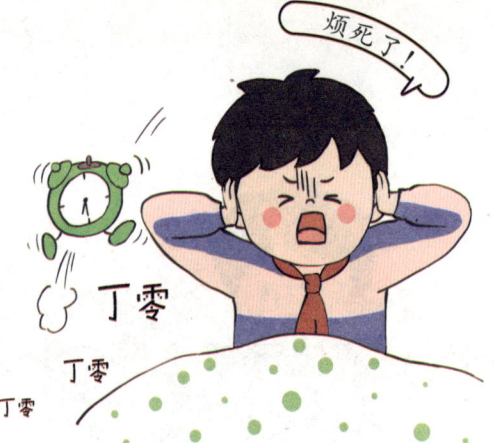

你的"起床气"从哪儿来?

- ◆ 没睡够,不想起床。
- ◆ 被大人催着起床,心情糟糕。
- ◆ 不是自己醒来,没有起床的意愿。
- ◆ 大脑处于"待机"状态,头发蒙。

别让"起床气"成为绊脚石

♥♥♥ 趁着早上精力好,可以**多背几个英语单词**。

♥♥♥ 和朋友一起做早操,**唤醒一整天的活力**。

♥♥♥ 保持好心情去上学,以积极的状态**迎接新的一天**。

♥♥♥ 顺利推进自己的计划,**拥抱满满的成就感**。

不要让"起床气"消磨你的光阴

✓ 保证充足的睡眠时间,避免因"起床气"影响第二天的学习。

✓ 没睡够,睁不开眼睛,可反复睁眼、闭眼,或伸个大大的懒腰,赶走"瞌睡虫",让自己快速清醒过来。

✓ 将闹钟时间提前10分钟,给自己足够的缓冲时间。

没有"起床气",时间好像变多了

起床不磨蹭,
收拾好东西后时间还很充裕。

不赖床,
时间到了马上起来,
上学路上不慌不忙。

养成每天早睡早起的习惯,
可以拥有更多自由支配的时间。

时间充足,做事不慌乱,
学习时心情会更好。

04 吃饭慢吞吞怎么办

● 吃饭时慢吞吞,不知不觉就吃了很长时间。其实,这也会给学习和生活带来许多问题。

我要抓紧吃!

○○○

你想改变吃饭慢的习惯吗?

想。
♥♥♥♥♥

想,但不知道怎么做。
♥♥

不想。
♥♥♥♥♥

吃饭太慢
究竟是什么原因

☹☹☹

吃饭时想其他事,饭在嘴里半天咽不下去。

☹☹☹

遇到不喜欢的饭菜没有胃口,吃每一口都很难。

☹☹☹

习惯边吃饭边说话,延长了用餐时间。

☹☹☹

吃饭时总被催促"快点儿",有逆反心理,不想顺从。

你知道吃饭太慢的不良影响吗

❌ 吃饭速度太慢，饭菜渐渐变凉。吃这样的饭菜不容易消化，会影响身体健康。

❌ 开始时吃得很慢，后因时间来不及就狼吞虎咽。这样吃饭容易噎到，甚至消化不良。

❌ 打乱了自己的作息时间，无法执行后面的计划。

养成吃饭**好习惯**

营养均衡不挑食
多去尝试,
慢慢接受各种食物的味道,
避免因挑食影响进食速度。

规划吃饭时间
将吃饭时间控制在一定范围内,
不拖沓。

集中注意力
将注意力集中在吃饭上,
不要吃一会儿玩一会儿,
或不停地说话。

05 临睡前,作业为什么还没写完

● 每天的作业不能按时完成,到临睡时需要赶作业,有时候还会乱写,只为完成任务。这样怎么能提高学习成绩呢?

看完这集再去写作业!

○○○

作业写不完,究竟是太多,还是写得太慢?

写作业需要有人督促,否则就不能自觉写。

回家得先玩会儿再写作业,总觉得还有很多时间。

写作业时不专心,边写边玩儿。

要睡觉了,才发现作业中还有很多不会的题目没解决。

写作业忌讳这几件事

做其他事都很积极,只有写作业时总找借口拖延时间。

写作业时心里想着其他事,心思不在学习上。

容易被干扰,不能把精力集中在写作业上。

遇到难题时就停下来发呆,不肯静下心来思考解题方法。

打败不能按时写完作业这只"小怪兽"

一、写作业前充分准备

✓ 吃点儿东西,确保写作业时不会因为饥饿而分散注意力。

✓ 写作业前喝水、上厕所,以免写作业时做题思路被打断。

✓ 给自己规定好完成作业的时间,根据作业量和难度来设定闹钟。

✓ 学习桌上不要放与学习无关的物品。

二、写作业时可这样做

写完再去玩儿。

✓ 作业从自己熟悉的部分写起,可以根据自己的情况分配每科的时间。

✓ 要有恒心和意志力,写完作业再去做其他事情。

✓ 专心致志,不要被外界干扰,直到写完作业。

利用"番茄钟",作业好轻松

设置任务,开始计时
列出需要完成的事情,
可以从简单的开始,
逐步提升难度。

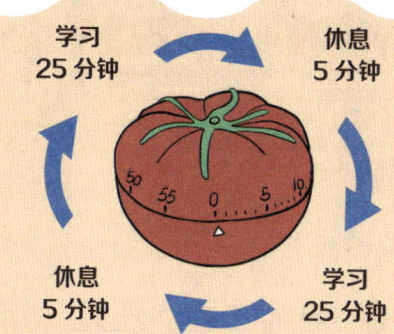

杜绝干扰,全神贯注
用番茄钟设定好时间。
在设定的时间内,
要集中注意力,
认真完成任务。

放松时间,休息一下
时间到,任务完成了!
放松一下吧,5分钟就好,
可不要贪时哟!

更进一步,继续开始
在番茄钟的帮助下,
去挑战难度更高的任务吧!

06 老师布置的任务，为什么总完不成

老师布置的任务，可能并不是你没有能力完成，而是没有及时去做，才导致后续问题的发生。

老师布置完任务后，你通常会怎么做？

第一时间完成。

先放一放，等会儿再做。

等要交的时候才匆匆忙忙去做。

老师的指令，你认真听了吗

时间观念不强，没有紧迫感，**做事总是缺乏计划性。**

玩儿得太起劲儿，**把正事抛在脑后。**

对任务了解得不够透彻，不知道需要花多长时间去完成，**没有合理的时间规划。**

责任与担当，从小事做起

老师给你布置任务是对你的信任，所以我们既要按时完成，又要认真做好，这是一种责任和担当。

想做好每一件小事，请记住这几点：

1. 老师交代的任务，要第一时间完成。
2. 如果被别的事情耽误，过后要赶紧补上，不要再拖延。
3. 如果手上有其他事情要做，不能按时完成，要向老师说清楚原因，并给出预计完成的时间。

如何做好每一件小事，记住这几点

做计划是非常好的习惯，**有计划才能有目标和方向。**

不拖延，立即行动， 这是很棒的习惯。

全力以赴，并且**合理分配时间，** 这是明智之举。

做好备忘录， 可以很好地提醒自己。

07 为什么我总是匆匆忙忙

每天都感觉自己很忙，却又不知道忙了些什么，甚至很多该做的事都没完成，难道是时间规划不合理？

你在什么时候感觉时间过得很快？

玩儿的时候，总是觉得时间过得很快，都没玩儿够。

看电视的时候，感觉时间很快就过去了。

专心做事的时候，总是感觉时间不够用。

一天的时间 你都做了些什么

早晨是一天的开始，**但也很快就会过去。**

一堂课 45 分钟的时间，看似很慢，**其实只有几集动画片的时间。**

中午吃完饭，**午休时间很快就过去了。**

吃完晚饭，写完作业，就该睡觉了，**一天就这样结束了。**

每天匆匆忙忙，效率却不高

> 因为起床晚了，所以吃早饭就必须狼吞虎咽。

> 没有提前收拾好书包，上学后到处借文具。

> 中午吃饭太慢，别人都午休了，自己才回教室。

> 放学回家路上总是贪玩儿，到家就很晚了，可作业还没写。

不慌不忙，自律生活从现在开启

时间是公平的，每个人拥有的时间都是一样多的。只有合理规划时间，才能更加自律且高效。

作息时间表

时间	活动
6:00	起床
6:30	晨读
7:00	吃早饭
7:30	出门上学
8:00	到校
8:20	上课
12:00	吃午饭
13:50	上课
17:30	放学
18:00	吃晚饭
18:30	写作业
20:00	阅读
20:30	自由活动
20:50	洗漱
21:00	上床睡觉

你看看我的时间表。

08 为什么熬夜复习还是没考好

熬夜复习是临时抱佛脚的行为。如果平时养成了良好的复习习惯，就不需要考试前再突击复习。熬夜复习会影响正常的作息时间。

考前你都在做什么？

抓紧时间复习。

放松自己，保证睡眠。

准备考试需要用的文具。

「为了考个好成绩，」你也这样吗

❤❤❤ 为了考出好成绩，考前1分钟都不能浪费。

❤❤❤ 恨不能把1分钟当成10分钟用，总想再多做一道题。

❤❤❤ 认为只要考前努力了，肯定会考出好成绩。

❤❤❤ 觉得自己已经很努力地在复习了，结果，考试成绩并不理想。很难过，想不明白是为什么。

做不到这几点，再多努力也白费

温故而知新！

✓ 养成复习好习惯，每天抽出半小时时间温习功课。

✓ 遇到学习难题，立即想办法解决，决不拖到以后。

✓ 制订学习目标，每天进步一点儿。

✓ 不熬夜学习，早睡早起，只有保证睡眠充足，才能精力充沛，学习高效。

合理规划考前时间

提前规划好自己的复习策略,
清楚自己哪些知识点不牢固,
把有限的时间用在自己的薄弱环节上。

利用碎片化时间学习,
早上起床后和晚上睡觉前,
记忆效果比较好。

将平时错误率高的题整理到一起,
考试之前,
把主要精力放在这些错题上。

疲劳时要注意休息,
让大脑适当放松,
不必盲目做题给自己增加压力。

09 为什么假期总是"烂尾"

一放假就开始疯玩儿,假期要结束了才开始着急赶作业,不知道有多少人有过这样的经历。假期时间该怎么规划,你真的知道吗?

关于放假的错误认知

- 放假等于可以随便玩儿。
- 作业随时都能写,先玩儿了再说。
- 反正不用上学,每天睡懒觉。
- 假期很长,肯定有足够的时间写作业。

怎样规划假期，才不会**临时抱佛脚**

⏳ 清楚放假时间、假期会有哪些安排、**写作业需要多长时间**。

⏳ **注意劳逸结合**，做作业的时候保持专注，玩儿的时候就开开心心地玩儿。

⏳ **做好假期计划**，如果要和父母出去旅游，在全身心地享受和父母美好时光的同时，将这期间的学习任务分配好。

⏳ 作业不要堆在一起做，定好每天的学习任务，**避免假期接近尾声时因赶作业而影响休息**，开学后不能快速进入学习状态。

这样做，让假期更有意义

> 可以提前制订一份充实而有趣的假期计划，无论是参加夏（冬）令营、研学旅行，还是学习新技能、拓展兴趣爱好，都能让你的假期生活更加丰富多彩。

> 假期也是与好朋友相聚、增进友谊的好机会。你们可以一起参加各种活动，共同度过难忘的假期。

你看的是什么书呀？

> 假期也是提升自我、实现成长的重要时刻。你可以利用这段时间，阅读经典书籍、学习新知识，或者参加一些社会实践活动，锻炼自己的能力。在不断地学习与探索中，你将变得更加优秀和自信。

合理规划假期的每个阶段

第一阶段：放松期

假期前两周以放松为主，出游或陪伴长辈，养足精神。

第二阶段：学习期

假期中段的时间，以学习和培养兴趣为主，完成作业，总结已学的知识，拓展自己的兴趣爱好。

第三阶段：收心期

假期最后一周，开始调整作息，执行预习计划，准备迎接新学期的到来。

你的时间计划表

第二章

决定了，就立刻去做

01 如何分清事情的轻重缓急

你是否有过这样的经历？当有两件事情同时摆在眼前时，自己不知道该先做什么，后做什么。这不仅是在考验你对时间的规划能力，还在考验你分清事情轻重缓急的能力。

你能分清事情的轻重缓急吗？

❓ 10天后有一场重要的篮球比赛，要和队友一起训练。

❓ 明天要考试了，要复习功课。

❓ 和朋友约好后天一起去图书馆看课外书。

❓ 妈妈切菜时切到了手，正在流血，需要包扎。

重要又紧急的事必须马上去做，重要但不紧急的事不需要马上去做。

利用四象限法则，轻松管理时间

↑ 重要

重要但不紧急
列入执行计划

重要又紧急
必须马上去做

不紧急 ←——————————→ 紧急

不紧急也不重要
可以不做

紧急但不重要
交给别人做或婉拒对方

↓ 不重要

日常哪些事可以放进四象限时间表

重要

重要但不紧急的任务，要安排好计划，如：
准备下周的考试
阅读课外书　运动

重要且紧急的任务，马上做，如：
完成明天要交的作业
复习　准备明天的考试

不紧急 ←　　　→ **紧急**

不重要不紧急的任务，可以少做或不做，如：
玩游戏　看电视

不重要但紧急的任务，要在有空的时候抓紧做，如：
观看比赛直播
回复不太重要的聊天信息

不重要

区分优先级，做事高效率

提高自己掌控事情的能力，
能快速总结出事情的优先级，
然后再根据四象限法则去实施。

培养结构化思维，
将要做的事情进行整理，
可以通过思维导图等形式，
梳理思路，让思维更具有条理性。

做事总想面面俱到，
反而会哪件事都做不好，
懂得克制"什么都想要"的欲望，
学会找到重点，
让自己在关键节点上精准发力，
才能达到事半功倍的效果。

明明很努力，为什么没成果

每天认真学习，看很多书，别人休息了自己仍在写作业，可最终却没有取得理想的成绩。为什么会这样呢？

你有假努力的表现吗？

阅读了不少书，可什么也没学进去。

做了很多题，却收效不大。

天天练字，字还是写得很丑。

上课做的笔记，课后从来不打开看。

「时间有限，别再做无用功」

30 分钟能完成的作业拖到 2 个小时完成，无疑是浪费时间。因此，**想到了就要立即行动，避免光想不做的低效状态。**

开始做事前要先动脑想想该怎么做，不要一味往前冲，到最后才发现方向错了，既浪费了时间又没有收到应有的成效。

要定期复盘，关注自己的成长变化。

方向对了，努力才有意义

试着用下面的方法感受一下时间的流逝：

◯ 花 30 分钟时间看看自己能背几首古诗。

◯ 种一株植物，每天拍一张照片，一个月后，看看它长高了多少。

觉得时间过得快，任务完成得少，也许是因为我们努力的方向不对。不妨试试下面几招：

◯ 制订一个计划表，每完成一件事就在上面打个"√"。

◯ 做事时专心致志，确保不需要返工，避免花费更多时间。

◯ 提高速度，严格要求自己在规定的时间内完成。

运用"二八法则",优化时间分配

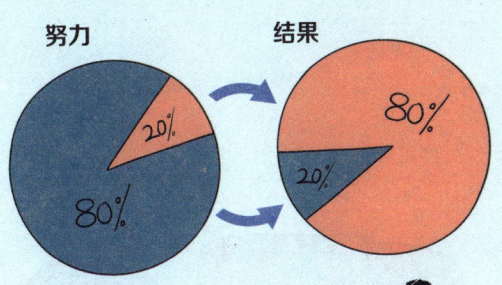

"二八法则"认为,在任何一组事物中,最重要的只占其中一小部分,约20%,其余80%尽管是多数,却是次要的。因此,**我们应该学会"把80%的时间花在20%的重要事情上"**。

提示

"二八法则"里的"二"和"八"都只是概数而已,它是为了让我们学会找到以"少"胜"多"的诀窍:抓住20%的重点。这样我们才能事半功倍。

运用"二八法则"最重要的是学会抓重点,要懂得"牵牛鼻子"。如果用80%的"工夫"创造20%的"功效",就得不偿失了。

03 朋友约我，可我还有很多事没做完

和朋友约好了时间，但还有别的事没做完，该怎么办呢？是先赴约，还是先做完自己的事再去？

可是……

你总是能遵守和朋友的约定吗？

能。

不能。

多数能。

「不守时」
会带来哪些麻烦

迟到不仅会给自己带来麻烦，**还会影响到他人的时间和计划。**

守时是一种良好的品质，每一次平白无故地迟到都是**在透支自己的信誉。**

遵守约定，计算时间，做好准备

学会制订时间表，使用闹钟和计时器来提醒自己，努力按时完成任务。

提前把自己的事做完，不要快到约定时间才做。

和朋友约定好具体时间，如果晚到要提前告诉朋友，避免让朋友等待。

守时都有哪些好处

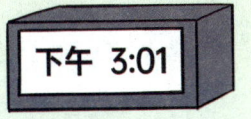

提前赴约,
能让对方感受到我们最大的诚意,
也能展现出我们守时负责的品格。

凡事提前一步,
不仅在于提前出来的时间能让我们做多少事情,
更在于我们所表现出的自律和态度。
**良好的守时习惯能够让我们更好地安排时间,
提高效率。**

把小事做好,才能成就大事。
只有在小事上养成好习惯,
遇到大事才能不慌。
**凡事提前,不仅是对他人最基本的尊重,
也能为自己赢得尊重。**

04 这样安排，就能安心出门了

你有"出门综合征"吗？即每次出门需要花很长时间，总担心什么事没做，或有东西没带，到最后出门变成一场"硬仗"。

衣服都装全了吗？

出门前，你会提前收拾准备吗？

- 会。
- 不会。
- 偶尔会。

为什么要在出门前做准备

出门前的充分准备是**保证出行顺利的重要前提之一。**

不用担心时间太赶，来不及收拾，**避免影响出行的好心情。**

做好出门前的准备，可以更加省时地出行。同时，也可以培养自理能力和责任感。

出门三部曲，告别"出门困难症"

↘ 提前做好出行计划，如果行程比较长，可以提前几天准备；如果行程比较短，可以提前几小时准备。

↘ 检查是否携带了必要的物品，如钥匙、水壶、纸巾等。如果是去较远的地方，还可以带上一些零食和小面额的现金，以备不时之需。

钥匙　水壶

↘ 告知家长去向。如果是独自出门，一定要告诉家长自己要去哪里、和谁一起去以及大概什么时候回来。让家长了解你的行踪，以便在需要时能够及时找到你。

立刻行动，出门不拖延

制订计划
可以制作一个简单的出行时间表，贴在显眼的位置，提醒自己按时出行。也可以使用闹钟、日历等工具，来帮助自己管理时间。

避免拖延
在起床、洗漱、吃早餐等环节中，要避免拖延，尽快完成各项准备工作。可以给自己设定时间限制，提高效率。

遵守时间
养成遵守时间的好习惯，不仅对出行有帮助，也有助于培养自己的自律能力。

预留缓冲时间
考虑到可能会出现意外情况，如交通堵塞、天气变化等，预留出一定的缓冲时间，一般建议提前10到15分钟出发。

05 房间为什么总是杂乱无章

你的房间是自己收拾吗？你有整理收纳的习惯吗？如果没有整理收纳的习惯，你可能每天会在找东西上浪费很多时间。

你的房间哪里最乱？

★ 衣柜。
★ 书桌。
★ 床头。
★ 地上。
★ 整个房间都乱。

明明放在这儿了，怎么不见了？

学会整理房间，
减少不必要的分心

♥♥♥

养成物归原位的习惯，不随手乱扔，方便下次使用。

♥♥♥

整洁的房间能让人拥有好心情，减少分心，提高学习效率。

♥♥♥

重要的东西分类收纳，降低遗失的可能性。

整理收纳的步骤

第一步

整理书桌，学习时要用的书本资料和不用的物品分开放。

第二步

物品使用过后放回原位，不乱扔。

第三步

衣服叠整齐后放在固定位置，早上起床后不用到处找。

第四步

给收纳盒贴上标签，方便下次查找。

学会整理很 重要

整洁有序的书桌和书包,可以帮助我们更快地找到所需的学习用品,减少因寻找物品而浪费的时间。同时,**有序的环境也有助于我们集中注意力,提高学习效率。**

整理收纳的过程也是一种习惯养成的过程。 通过定期整理书包和书桌,养成良好的学习习惯,如保持物品整齐、分类存放、及时清理不需要的物品等。这些习惯将对我们的学习产生积极的影响。

整理收纳需要我们对物品进行分类和归纳。需要根据物品的性质、用途等进行分类,然后选择合适的收纳方式。**这个过程可以锻炼我们的思维能力,提高逻辑思维和分析能力。**

06 为什么总感觉每天的时间不够用

我每天除了上课、写作业，还想画画、看动画片，或者跟朋友踢会儿球。要做的事情太多了，总觉得时间不够用。

你每天的时间够用吗？

够用，我能规划好自己的时间。

不够用，我每天都忙个不停，根本没有多余的时间。

「明明做好了计划，时间却不够用」

♥♥♥
我计划着今晚要做的事：抄生字词、背课文、背单词……可才完成一项就到睡觉时间了。

♥♥♥
每次我都会把"帮妈妈做家务"列在计划表里，可是一看自己的进度——课文没背完、作业没做完……还有好多事情要做，根本没时间啊！

♥♥♥
我按照时间计划表一项项做，要么有其他事情插进来，要么其中一项超时，导致后面的任务都有延误，总是不能按计划完成。

弄明白你的时间都花在了哪里

> 记录自己一天的活动，包括学习、玩耍、吃饭、睡觉等，以及每个活动所花费的时间。这样可以让我们清楚地了解自己的时间都用在了哪里。

> 通过分析记录的情况，找出哪些活动花费的时间过多，哪些活动可以缩短时间或者可以不做。例如，发现自己在看电视或玩游戏上花费了太多时间，而在学习上花费的时间太少。只有了解自己的时间花在了哪里，才能有针对性地调整时间分配比例。

时间不够用，你可以这样做

想要解决时间越来越不够用这个问题，我们可以制订一个生活计划表。

制订计划时，要根据情况灵活调整。
实际执行过程中，
可能会遇到一些意外情况，
如作业难度超出预期、课外活动时间延长等。
这时要根据实际情况灵活调整时间计划，
确保任务能够合理完成。

创建奖励机制，激励自己坚决执行。
制订好时间计划后，要严格要求自己坚持执行。
可以让家长或同学监督自己，
提高执行的自觉性。
还可以设置一些奖励机制，当自己按时完成任务，
或者坚持按计划执行一段时间后，
给自己一个小奖励，激励自己继续努力。

07 作业量一样，为什么我总做不完

- 作业太多我实在写不完，为什么其他人有时间玩儿，我却天天都在家里写作业？

同样的作业，为什么你完不成？

- 某一项作业花的时间太多。
- 边做作业边玩儿，效率低。
- 作业有点儿难，自己不会写。

哪些因素会影响做作业的效率

环境因素

环境过于嘈杂,或者房间和书桌杂乱,容易分散注意力。

心理因素

情绪不稳定,或者压力过大,会导致注意力不集中。

学习习惯因素

缺乏计划、不良的书写习惯,都会导致做作业的效率和质量下降。

身体因素

身体疲劳,或者口渴、饥饿等,都会让人感到不舒服,影响写作业时的专注度。

作业太多，怎么分步完成

列出作业清单

↘ 在开始写作业之前，先列出当天的作业清单，这样可以清楚地知道自己需要完成哪些任务。

例如：语文作业有写生字、背诵课文；数学作业有做习题、复习知识点；英语作业有背单词、读课文等。

预估作业时间

↘ 根据作业的难度和数量，预估完成每项作业所需的时间。这样可以让我们有时间观念，避免拖延。

例如：预估写生字需要 20 分钟，背诵课文需要 15 分钟等。

合理安排作业顺序

↘ 根据作业的重要性和紧急程度，合理安排作业顺序。可以先完成重要的、紧急的作业，再完成其他作业。

例如：如果第二天有语文考试，那么可以先完成语文作业，复习语文知识点；如果数学作业比较简单，可以放在后面完成。

作业计划表
写生字：20分钟
背诵课文：15分钟
做数学习题：20分钟
……

即使作业完成困难，这些事也不能做

不要因为作业多而潦草完成，**书写要工整。**

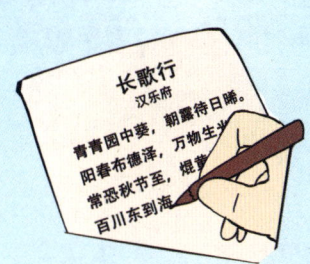

不可以抄袭他人作业，以图提前完成任务。

背诵课文可以利用碎片化的时间，但不能为赶其他的作业而不做。

劳逸结合，不能因为作业写不完而不吃饭或熬夜。

08 上学前的物品准备总是做不好

● 你是不是也有丢三落四的毛病？上课经常不是没带文具，就是带错课本，这个毛病真的要改改！

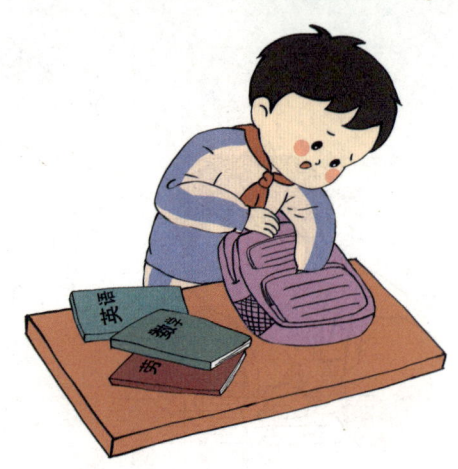

○○○

你也有忘记带课本的时候吗？

不会，每天都检查书包。

会。

偶尔会。

经常忘带课本，
你想过是为什么吗

☹☹☹ 准备好了课本，**但第二天起床晚了**，因为匆忙所以没带。

☹☹☹ 前一天晚上做完作业后就去看动画片了，**忘记把课本装进书包。**

☹☹☹ **玩儿得根本没想起来明天要上什么课**，自然就忘记带课本了。

☹☹☹ 作业写到很晚，写完就睡了，**没有时间准备第二天的用品。**

学习用品准备不充分会有什么影响

若忘记带书本或作业本，在老师讲解时，没有相应的书本对照，容易跟不上进度，浪费课堂时间。

发现自己忘带东西后，可能会一直担心被老师批评或者无法顺利完成学习任务，产生焦虑情绪，干扰注意力，导致难以集中精力听课和学习。

经常因为物品准备不好而在学习中遇到各种问题，会对自己的能力产生怀疑，缺乏自信心。这种缺乏自信的状态会进一步影响学习中的表现，如不敢积极参与课堂互动、回答问题等。

再忙也要做的事

如果到校后发现没有带课本，听课效果会大打折扣，知识点也记不住。所以忘记带课本，影响是非常大的。

睡前把第二天要用的课本、文具装进书包，
并检查一遍。

熟知课程表，
知道自己每天会上什么课，
记住老师要求带的东西。

自己整理书包，
才能知道文具和课本放在哪儿，
不会因为找不到而着急。

09 如何拯救我的拖拖拉拉

- 妈妈叫我洗澡，我一看才6点，就说："一会儿再洗。"妈妈叫我整理玩具，我不想动弹，于是说："一会儿再整理。"好像不管什么事，我总是喜欢"一会儿再……"。

你遇到不想做但是必须要做的事情时，会怎么办呢？

😆 马上行动起来，赶快完成它。

☹ 拖一会儿吧，过会儿再去做。

遇事拖延，你是否也有这些困扰

☹☹☹ 晚上7点时，妈妈提醒我该写作业了，可直到8点我还没开始写，**最后不得不熬夜做作业。**

☹☹☹ 每天早上，我总是慢吞吞地刷牙洗脸、慢吞吞地吃饭……**结果上学总迟到。**

☹☹☹ 妈妈让我整理房间，我一会儿玩游戏，一会儿吃零食，一会儿看电视，**结果一天过去房间也没收拾完。**

☹☹☹ 我报名参加了周末的篮球比赛，明明知道比赛时间，可还是磨磨蹭蹭的。**结果等我到达现场时，比赛已经开始了。**

克服拖延坏习惯，你可以这样做

拖延不是好习惯，要想克服很简单，只需一张"时间表"，严格执行不慌乱。

✓ 制订一张"时间表"

↘ 先列出需要完成的事情和所需的时间。这样会强化我们的时间观念，增加紧迫感。

事情	所需时间
起床	
刷牙洗脸	
吃饭	
写作业	

✓ 到了规定时间，马上行动

↘ 努力在规定时间内完成计划好的事情。这样训练几次，我们就可以逐步提高自己的行动力。

● 小提示：为了保证做事效率，别忘了减少干扰。如拿走玩具、零食等，保持环境安静整洁，以便我们集中注意力。

拥有行动力，完成任务更容易

行动力是指一个人**根据自己设定的目标，克服外在一切阻碍，战胜自身惰性等负面心理，做出实际行动的能力。**

行动力强的人通常具备出色的时间规划和管理能力，能够准确地评估任务的紧急性和重要性，合理地安排时间和资源，确保按时完成任务。提高这种能力不能一蹴而就，而是需要我们不断地学习和实践。**为了提升行动力，我们可以首先把"一会儿再……"的口头禅改为"马上、立刻"。**

10 总是玩一会儿再做,就"没救"了

不管做什么事,做一会儿就想玩儿,总觉得玩会儿再做没关系,反正影响不大。实际上,如果不玩儿的话事情早就做完了。

你会选择先玩儿还是先做呢？

选择先做,玩儿的时候更轻松。

选择先玩儿,结果做事所花的时间可能会超出预期。

劳逸结合，究竟该怎么玩儿

♥♥♥

该做的事情做完了，可以放松心情，尽情玩耍。

♥♥♥

要控制玩耍时间，实在很想玩儿可以告诉自己：等做完该做的事后，奖励自己多玩儿几分钟。

♥♥♥

该玩儿的时候好好玩儿，该做事的时候就认真做。

为什么不能想玩儿就玩儿

你清楚自己每天有多少玩耍时间吗？不妨来计算一下。

每天有 24 小时

睡觉 10 小时 + 早、晚洗漱 40 分钟 + 穿、脱衣服 20 分钟 =11 小时

吃饭：早饭 30 分钟 + 午饭 30 分钟 + 晚饭 30 分钟 =1 小时 30 分钟

学习：每节课 45 分钟，上午 4 节课 3 小时 + 下午 2 节课 1 小时 30 分 = 4 小时 30 分钟

上学路上：上学路上 30 分钟 + 放学路上 30 分钟 =1 小时

运动时间：课间操 20 分钟 + 眼保健操 20 分钟 + 体育锻炼 45 分钟 = 1 小时 25 分钟

写作业：语文 30 分钟 + 数学 30 分钟 + 英语 30 分钟 + 课外阅读 30 分钟 =2 小时

课间休息：每次 10 分钟，上午 3 次 30 分钟 + 下午 1 次 10 分钟 + 中午休息 1 小时 =1 小时 40 分钟

玩耍时间：？？？

不是玩儿一会儿再做，而是先做再玩儿

同样是玩儿 5 分钟，先玩儿和后玩儿有什么区别？

时间规划误区

看似所用时间一样，实则差别很大。先玩儿，容易一发不可收拾，超出预计时间；做完要紧的事再玩儿，**有更多自由时间可以灵活安排。**

高效学习

你有什么高效学习的方法或者计划？写一写吧。

第三章

学霸都是「时间控」

01 原来时间都是这么溜走的

你知道一天究竟有多少时间吗?你知道该怎么分配这些时间吗?时间总是在不经意间流走,要学会珍惜哟!

你知道一天有多少时间吗?

不太清楚。

大致知道。

不知道,对时间没概念。

为什么总是觉得时间不够用

⌛ **每天放学回家就做作业,** 玩儿的时间都没有了。

⌛ 上喜欢的课时感觉时间很快就过去了,**上不喜欢的课时总想打瞌睡。**

⌛ 妈妈只允许我看10分钟电视,时间过得实在太快了。

实际时间和预期时间不对等，造成时间差

其实，时间并不会变多或变少，而是和你对某件事的专注度有关系。比如做喜欢的事情时，你就会比较投入，时间在不知不觉间就过去了，你自然而然会觉得时间过得很快；相反，做不喜欢的事情时，你就会觉得时间过得很慢。

↘ 每个人心里对时间的预期是不一样的。

↘ 例如，你和朋友在一起玩儿会感到很愉快，会希望时间过得慢一点儿。

↘ 这时，心里的预期时间和实际时间不对等，就形成了对比。

复盘，让每一天都有意义

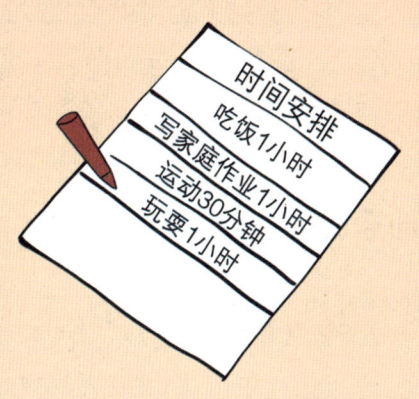

想知道时间都去哪儿了吗？

记录一下自己每天都做了什么吧。

每天复盘自己的时间规划，
看看做哪些事情超出了你的预计时间，
是因为有难度，
还是拖延了？

根据反思后总结的结果，
不断调整自己的计划和行为，
努力让每一天都过得更加有意义。
如发现自己在某个任务上花费了太多时间，
可以思考如何提高效率。

02 如何正确设定目标

盲目给自己定一堆目标,到最后却一个都没完成,这样做只会给自己增加压力,造成不必要的负担。

加速目标
· 每日吃饭时间减少10分钟。
· 每日作业提前30分钟完成。
· 每日增加2项习题作业。

定这么多目标,能完成吗?

你给自己定的目标都完成了吗?

- 完成了。
- 偶尔能完成。
- 没有。

「没有计划地定目标要不得」

☹☹☹ 目标想定就定，没有任何行动计划，**也不管能不能完成。**

☹☹☹ 在定目标这件事上，绝对不能输，**目标数量要比大家都多**才行。

☹☹☹ 只管定一堆目标，**不想该怎么做才能完成。**

☹☹☹ 定完目标后，**发现自己根本没有时间去完成。**

制订目标，完成计划

❓ 是什么

首先明确要达到什么样的目标。只有目标明确了，努力才有方向。

❓ 为什么

要清楚地知道追逐目标的原因。不能盲目追求目标，要明白为什么要实现这一目标。

❓ 怎么做

规划目标实现的时间和条件。想要达成目标，必须明确实现目标的条件，并合理地规划时间。

目标确定后，如何实现呢？

↘ 划分事情的优先级，如果两件事存在时间冲突，先完成优先级高的事。

↘ 当我们决心完成一件事时，要全神贯注，心无杂念。

学会"西蒙学习法",学习知识超容易

"西蒙学习法"是由诺贝尔经济学奖获得者希尔伯特·西蒙提出的一种学习方法,它由四个步骤组成。

选择学习领域

选择有意愿去学习的领域。

设定学习目标

目标决定学习的方向,学习目标明确了,可以指导我们完成具体的学习任务。

1. 背诵课文
2. 听写生字
3. 做课后习题
4. 预习新课文

拆分学习内容

将学习内容拆分成一个个拼图般的小块儿,通过对这些小块儿的学习,最终掌握复杂的知识。

集中精力学习

要集中注意力进行持续性学习,直到掌握我们要学习的内容。

03 如何高效复盘当天的学习

认真复盘每一天的学习,有哪些收获,还有哪些不足;想想是什么原因让你有动力学习的,下次可以作为经验来用。

这是学过的?我怎么不记得了!

不经常复盘,你可能出现以下情况:

😟 花更多时间做作业,遇到不会的知识点只能翻书才能想起来。

☹ 老师提问经常答不上来,对学习逐渐失去信心。

😮 考前需要花更多时间复习,否则完全不知道学了什么。

复盘学习该从哪些方面入手

♥♥♥ 整理
通过课堂笔记整理当天重要的知识点。

♥♥♥ 积累
每天写日记，记录当天发生的事，积累写作经验。

♥♥♥ 记录
成功破解一道难题，把解题思路记下来，以便下次参考。

每天复盘半小时，养成学习好习惯

如果一开始做不到每天复盘，也可以拉长时间，比如一周复盘一次，或半个月、一个月复盘一次。但复盘时间线越长，花费的精力就越多。最好能做到今日事今日毕，以减少后续投入的时间。

↙ 每天做了哪些事？

↙ 今天的计划完成了吗？

每天复盘，效果显著！

以后我也要好好复盘，决不拖太久。

↙ 必须要做的事做了吗？

↙ 有哪些需要改进、及时调整的？

看看别人是怎么**复盘**的

我会在每天睡觉前复盘,
因为一天结束了,
需要知道哪些事没做好。

我每天复盘后,
可以根据自己的实际情况,
随时调整目标和做事方法,
效率提高了不少。

我会根据计划完成情况复盘,
如果没有按时完成,
或者还差很多,
就会去复盘原因。

定期复盘是很有必要的,
可以及时改正自己的问题,
所以我每天都会复盘。

04 你知道什么是假努力吗

你有没有发现,有时候自己花了很多时间,努力做一件事,却并没有达到预期的目的,甚至还倒退了。于是,你开始怀疑自己:我是不是不够努力?

努力后没有进步,你会选择继续努力吗?

😆 会努力,但会先想一想努力的方向是不是正确。

😐 会继续努力。

☹ 不会努力了,反正也没有效果。

这些假努力的类型，你中招了吗

假装忙碌型

花大量时间坐在书桌前，书本摊开，文具摆好，看起来是认真地在学习，但实际上心思可能并不在学习上。一会儿玩笔，一会儿发呆，真正用于有效学习的时间很少。

机械重复型

盲目地进行大量的重复练习，不思考、不总结。只是为了完成任务而做题，做完后也不分析错误原因，下次遇到类似的问题还是会犯错。

形式主义型

注重学习的形式而忽略了实质内容。比如，把笔记做得非常漂亮，用各种颜色的笔标注，却没有真正理解笔记中的知识点。或者买很多漂亮的笔记本和文具，以为这样就能提高学习成绩。

选好方法，选对方向

▶ 不要在无效的学习方法上耗时间，方法不对及时调整。

▶ 很少有人能光靠天赋就取得好成绩，要脚踏实地一步一步打好基础。

▶ 可以尝试不同的学习方法，找到最适合自己的。

▶ 如果有进步，就把有效的学习方法记录下来。

▶ 向学习好的同学取经，弥补自己的不足。

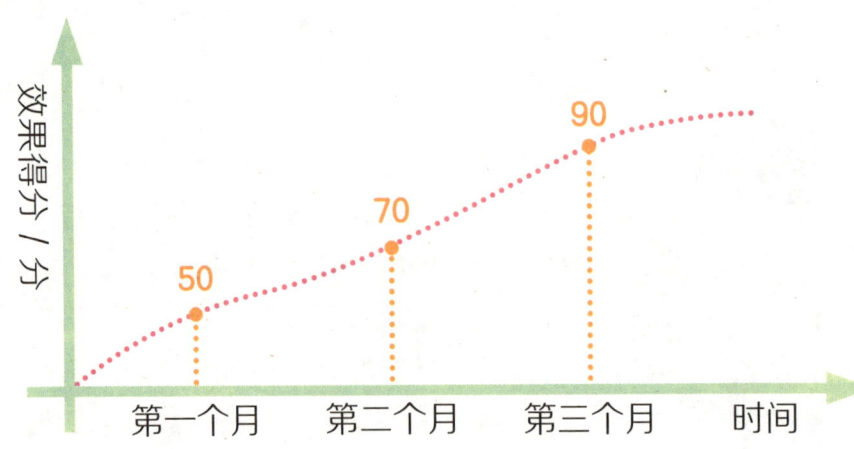

什么才是真正的努力

主动学习

真正的努力是会主动去学习,而不是等待老师和家长的安排,机械地、被动地学习。例如课后主动复习所学内容,预习新的知识,遇到问题主动向老师和同学请教。

坚持不懈

面对困难和挫折时不是轻易放弃,而是坚持不懈地努力。比如在解答数学难题时,可能需要尝试多种方法才能找到答案,真正努力的人会不断尝试,直到解决问题。

05 考试前我为什么会选择"摆烂"

马上要考试了,之前做好了复习计划,打算执行下去。可是真的翻开书以后,却不知道从哪儿下手复习,繁杂的知识点弄得自己眼花缭乱。于是不断安慰自己:反正要考试了,再看也没什么用了。索性选择了"摆烂"。

复习 or 不复习。

考试前,你会做什么?

制订详细复习计划,认真执行。

临时抱佛脚,熬夜恶补知识。

玩玩游戏,放松心情,减少考试压力。

是什么让你迟迟没有复习

♥♥♥

没有强烈的复习意识,缺乏明确的目标和计划。觉得复习任务过于庞大而不知从何下手。

♥♥♥

学习动力不足,对所学的内容不感兴趣,或对自己的学习能力缺乏信心,**可能会害怕复习效果不佳而不敢开始。**

♥♥♥

外部条件干扰,家庭环境、学校氛围或社交圈等因素也可能对复习产生影响,导致复习效率低下。

认真准备，不再手忙脚乱

心理准备

认识到复习是查漏补缺、提升自我的过程，以积极的心态面对复习。当发觉自己紧张、焦虑时，学会通过深呼吸、冥想等方式来放松。

物质准备

选择安静、整洁、光线充足的地方作为复习场所。准备好学习用具和一些辅助工具，如夹子、文件袋，用于整理和保存复习资料。

知识准备

根据学科特点和自身情况，制订科学合理的复习计划，选择合适的复习方法。

健康准备

良好的作息习惯有助于保持精力充沛和提高学习效率，要保证充足的睡眠，合理饮食，也要适当做一些体育锻炼。

掌握考前好方法，保持考前好心态

抓住重点

识别各科目中最重要的 20% 的知识点，
划分复习优先级，
优先复习那些重要且难以理解的知识点。

合理分配精力

找到自己学习最高效的时间段，
在集中精力完成关键任务时，
减少干扰。

选择高效学习方法

针对关键知识点进行刻意练习，
如绘制思维导图等，
及时获取反馈并调整复习策略。

劳逸相结合

注意劳逸结合，合理安排休息时间，
避免长时间连续学习导致疲劳和效率低下。

06 不钻牛角尖，停止内耗

喜欢钻研学习是好事，但总是钻牛角尖，过于执着却未必是好事。我们应当停止内耗，试着改掉这些不好的习惯。

你是真的热爱钻研还是在浪费时间？

! 有"强迫症"，固执己见。

! 每件事都要反复求证。

! 力求完美，不允许有半点儿瑕疵。

遇到让你纠结的事，先不做也没关系

☹☹☹

不需要所有事都做到最好，**先做要紧事**。

☹☹☹

抓小丢大，钻牛角尖，**容易走入误区**。

☹☹☹

遇到让你纠结的事情，**暂时先放一放**，等其他事情做完以后再解决。

☹☹☹

时间不等人，**先开始做**，即使不完美，也可以一步一步完善。

哪些习惯
在消耗你的精力

↘ 我喜欢把字写整齐，如果有写得不好的字就要擦掉重写，所以，有时候会耽误很多时间。

↘ 做错一道题我会很沮丧，一直不开心，没有心思做别的题。

↘ 背诵课文时，我总是记不住，可又不想先做别的作业。

↘ 画画的时候我要画到自己满意为止，不然就会一直重画。

不内耗，才能轻松前行

正确认识自己，发现自身的优点，
列出自己擅长的事情，
每个人都有自己的闪光点，
增强自信心。

接受自己的不足，
每个人都有不完美的地方。
学会接受自己的缺点，
不要过分苛求自己。

学会放松自己，缓解压力。
当感到紧张或焦虑时，
做一些自己喜欢的事情，
可以帮助我们放松身心，减少内耗。

合理安排时间，制订计划，
避免拖延和浪费时间。有了明确的计划，
会更加有序地完成任务，减少焦虑和内耗。

07 如何戒掉"橡皮综合征"

每天写作业时,在书写和页面整洁上只要出现一点儿瑕疵,就要用橡皮擦掉重新写。有时候力气太大,甚至会把纸擦破,接着就会把纸撕掉重新写,直到满意为止。所以每次都会写到很晚,感到很焦虑。

这种高标准在带来成就感的同时,也可能在不经意间带来时间管理和心理压力上的挑战。

你有过这种情况吗?

没有。 偶尔有。 经常有。

「追求完美，喜欢用橡皮」

☹☹☹

写作业时频繁使用橡皮擦修改，即使是小瑕疵也不放过，表现出对完美的过度追求。**离开橡皮就无法正常完成作业，表现出强烈的依赖性。**

☹☹☹

频繁修改和重写，导致写作业的速度明显减慢，**难以长时间保持专注。**

☹☹☹

这种情况还会伴随一些与学习相关的行为特征，如常有写错别字、将字写反等粗心大意的行为。

了解成因，找到突破口

这种现象被心理学家称为**"橡皮综合征"**，是一种不良的心理行为和学习习惯的表现，通常与你的心理压力和学习环境有关。

↘ 心理压力过大。学校的各种考试、激烈的竞争环境，可能给你带来沉重的心理负担，再加上父母和老师对你要求严格，会让你害怕犯错，进而过度依赖橡皮来修正错误。

↘ 不良学习习惯。父母的过度保护可能使你缺乏独立生活的能力，自立意识差、依赖性强，导致写作业时手忙脚乱，缺乏条理性，无法专注，产生焦虑情绪。

拒绝完美主义，轻松**搞定**作业

调整心态与认知
理解犯错是正常的，要允许自己犯错，只有正视问题，才能有针对性地采取措施去解决。

设定目标计划
制订改变计划，有意识减少该行为，比如规定一个时间段内使用橡皮的次数等。

改进学习方法
提高注意力和专注度。
书写前认真审题，提高作业质量。

寻求家长或老师帮助
分享自己的困扰和目标，让他们了解自己的学习情况和心理状态，寻求理解和支持。

08 自控力强的人是如何养成的

自控力能帮我们抵挡住诱惑,使我们对自己的学习和生活有把控能力。

你是自控力强的人吗?

☹ 不是,所以事后常常后悔,对自己感到失望。

😀 自控力很强,能够合理安排自己的时间。

😐 偶尔会控制不住自己。

「真正的自控力，
从小事就能看出来」

♥♥♥

能做到不熬夜，早睡早起，**按时完成作业**。

♥♥♥

不沉迷于电子产品，**严格控制自己的娱乐时间**。

♥♥♥

不拖延、不找借口、不抱怨，**专心做自己，有错就改**。

为什么我们需要自控力

> 有了自控力,我们不会因做不好某件事而责怪自己,会主动找原因,对自己有信心。了解自己的需求,有目标、有规划,知道自己的能力。

> 有了自控力,我们会更有效地做事情,不会因意外而手忙脚乱,也不被眼前的快乐所"迷惑",直到实现自己的目标。

> 自控力除了可以帮助自己抵挡住诱惑,也能让我们掌控好自己的时间。

如何做个有自控力的人

拒绝诱惑,改掉不良习惯,
可以先从小事做起,
比如少吃不健康的零食。

设定短期和长期目标,
把目标写下来并放在显眼的地方,
时刻提醒自己目标是什么,
为实现目标而努力。

合理安排时间,
制订一个详细的时间表。
在制订时间表时,
要充分考虑自身的实际情况,
确保计划具有可行性。

学霸每天都坚持做什么

学霸也不是天生的，通过后天的培养，你也可以成为学霸。

这些好习惯，看看你有吗？

- 每天坚持锻炼身体。
- 每天坚持练字。
- 当天的事情当天完成，不拖延。

原来学霸也这么努力啊！

学霸都是行动派

认真听讲

学霸上课会跟着老师的思路积极回答问题。他们会把课堂当作获取知识的重要场所，认真做好笔记，标记重点和难点。

主动学习

除了完成老师布置的作业外，学霸还会阅读课外书籍，参加各种学习活动，拓展自己的知识面。他们会根据自己的兴趣和目标，制订学习计划，有针对性地进行学习。

规律作息，适度运动

学霸通常有规律的作息时间，保证充足的睡眠，并且会进行适度运动，每天保持良好的精神状态。

用21天成为小学霸

向学霸学习不拖延

将大目标分解成小任务,并为每个任务分配合理的时间,避免因为任务过于庞大而产生拖延。

改变思维方式

学霸会积极地看待任务,相信自己有能力完成。我们可以尝试把任务看作是挑战和成长的机会,而不是负担。

采用有效的学习方法

学霸善于采用适合自己的学习方法,提高学习效率。我们也可以尝试不同的学习方法,如做笔记、总结归纳、制作思维导图等,最终找到最适合自己的方法。

第四章

执行力是打败拖延症的魔法

01 如何高效利用你的周末

放假啦,先痛痛快快地玩耍,给学习了一周的自己解解压。一直到周日下午我才开始匆匆忙忙地写作业,瞬间后悔没有先写作业。自己也很想改变这种现状,但一到周末就控制不住。

还写不完,好困呀!

你的周末是怎样安排的?

先写完作业再痛快地玩耍。

最后一天晚上努力赶作业。

玩会儿,写会儿,劳逸结合。

为什么总是忍不住先玩

时间规划能力不足,没有充分认识到合理规划时间的重要性,容易在某一活动上花费过多时间,而忽视了其他重要的事情。

自主学习意识不强,面对自由的时间,更倾向于先享受玩乐,而将作业视为负担,留到最后才处理,导致作业被拖延。

如果平时知识掌握不牢,导致作业难度过大,**自己就容易产生心理负担,要靠拖延来缓解学习压力**。

周末了，这样安排更合理

> 提前制订周末计划，将周末的时间合理分配给不同的活动和任务，包括学习、休息和娱乐。

> 可以尝试将作业分别安排到周末的每一天，避免集中完成导致压力过大。

> 列出所有需要完成的作业任务，根据优先级别进行排序，先完成难度较大且任务量多的作业，再安排背诵等作业。

你是怎么安排的？写一写吧。

你的执行力，会让假期更轻松

合理安排时间，
能避免临时抱佛脚和匆忙赶工，
使自己在轻松愉快的氛围中学习，
减少压力，
更容易培养学习兴趣、保持学习动力。

提高自主学习能力，
学会珍惜和利用时间，
使自己更有条理地完成学习任务，
减少拖延和分心，
学习更加高效有序。

按时完成规划好的作业任务，
能够获得成就感，
从而增强自信心，
促使自己在学习、休息、娱乐，
以及社交等多个方面均衡发展。

02 戒掉拖延，执行力会有多强

自己也不想拖延，可要开始行动时，总会给自己找各种理由，无法专注完成。拒绝拖延，提高执行力很重要。

今天我一定把事情做完！

你什么时候容易拖延？

☹ 遇到不想做的事情时。

☹ 情绪不好的时候。

☹ 没有动力的时候。

拖延
会消耗你的能量

⌛⌛ 一直拖延，事情就会越积越多，压力也越来越大。要知道，事情不会自动消失，还是需要花时间去做。

⌛⌛⌛ 一旦养成拖延的习惯，就很难改掉。拖延症正在消耗你的能量，让你很难融入快节奏的学习中。

你有拖延症吗？
_____
_____
_____

马上行动,打败拖延

↘ 拒绝拖延最重要的是行动,想到就立马去做,千万不要等待。

↘ 提高执行力,让大脑不断提醒自己未完成的事。

↘ 拖延的后果是让你情绪失控,很难静下心来认真学习。所以,做完事情再去玩儿,心里会更加轻松,没有负担和压力。

作业太多了!我一直做不完!

逼自己一把，你也可以改掉拖延症

立即行动
当有任务要做时，不要犹豫，立即行动起来。
拖延只会让任务变得更加困难。
可以从小事做起，培养自己的行动力。

设立惩罚规则
没有按时完成或找借口不做时，
要接受"惩罚"，
比如不能看电视、不能吃零食。

设定时间节点
为每个小任务设定具体的完成时间。
有了时间限制，会让自己更有紧迫感，
避免拖延。

寻求帮助
寻求父母或同学的帮助，
督促自己完成计划。

03 比起学习时长，学习效率更重要

每次放学回家就开始写作业，可一会儿干这一会儿干那，就是坐不住，所以明明不多的作业到深夜也写不完；周末的时间也用来学习，可是边学边玩儿导致成绩不见提高。学习时间很长，却没有效果。

你的学习也是耗时长、效率低吗？

☹ 是，每次写作业、预习复习都要很长时间。

😐 偶尔，有时边玩儿边学，最后会熬夜补作业。

😝 不是，会专注地学习，用不了多长时间就完成了学习任务。

看似学习的时间很长，但是效率不高

刚准备写作业，看见手机转身就去玩游戏了。**玩儿了半天想起作业还没写，才匆忙去做。**

我复习功课时，不是玩橡皮就是吃零食，要么就想玩手机。**结果一整天也没复习完。**

翻开书的第一页，发现有污渍拿纸擦了擦。看到第二页，又去跟小猫玩儿了。**就这样过了一个小时，我的书只看到第三页。**

缺乏时间规划能力，执行力不足

晚上 10:00

> 不会规划时间，想起什么干什么，无序杂乱，导致学习耗费时间长，效率低。

太累了，明天再做吧！

> 已经计划好的事，到了该完成的时候不采取行动，找各种借口拖延、逃避。

早点休息，明天不要再迟到了！

> 明明知道事情很紧急，也很重要，可就是不想做，觉得晚点儿完成也无所谓，执行力不足。

克服坏习惯，管理好时间，提高效率

制订计划表

把要做的事情清楚地列在纸上，
再标记每件事需要花费的时间。
及时根据实际情况稍作调整。

严格执行计划

努力在规定时间内完成计划好的事，
到了规定时间，
马上行动，不拖拖拉拉。
能按时完成可以给自己奖励，
完不成接受惩罚。

练琴时间

全身心投入

学习或做事时,要集中注意力,
拿走零食、玩具等,
减少干扰,
这样效率自然就提高了。

04 今日事，今日毕

当天的事当天完成，这是很好的习惯。但是，要合理规划一天的时间，不能给自己安排过多的内容，尤其是熬夜学习，更不值得提倡。

你知道吗？人的记忆力是有限的！

☹ 经常把每天都安排得满满当当，结果第二天却不记得要干点儿什么。

☹ 每天都感觉特别忙，做了很多事，可想不起来具体做了什么。

☹ 学习很努力，连玩耍的时间都没有，成绩还是没有提升。

别辜负
海马体的"用心"

什么是海马体？

▲ 海马体位于大脑丘脑和内侧颞叶之间，属于边缘系统的一部分，主要负责记忆的存储转换和定向等功能。简单来说，它是帮助我们储存记忆的。

▲ 知识点进入大脑后需要海马体进行"搬运"，**帮你建立记忆点。**

▲ 不要把每天的学习时间安排得太满，**要给自己预留休息的时间。**

▲ 不好好睡觉，当天所学的内容就无法被海马体整合，**也就不能被保留在大脑里。**

▲ 睡前记下重要的知识，比如要背诵的课文、解题的方法等，效率更高，记得更牢固。**一天中的黄金时间段是最佳学习时间，要好好利用。**

睡前两小时的高效学习

↘ 睡前一两个小时是记忆的"黄金期",让自己安静下来学习。

↘ 睡眠时间不能被削减,健康的睡眠能帮助你提高记忆力,提高学习效率。

↘ 睡前可以把当天或近期学习的关键知识点进行整理、复习。

大漠孤烟直,长河落日圆。

↘ 睡前可以背诵课文、古诗、单词、数学公式等,睡觉时大脑会帮你储存。

合理安排才能轻松完成当天的事

对于正值生长期的我们来说,**良好而充足的睡眠,对健康成长很重要。**只有拥有健康的身心,做事才能更高效。

将一天的时间进行分割,
中午 12 点前要完成学习计划的 1/3。

下午 5 点前再完成学习计划的 1/3。
晚上 9 点睡觉前两小时,
高效完成剩余 1/3 的学习计划。

如果没有完成,**明确一下剩余多少,**
然后斟酌是晚睡 1 小时完成剩余计划合理,
还是第二天早起 1 小时再完成更合理。

05 难题"拖一拖",知识漏洞越来越大

每当遇到棘手的问题时,由于对自己没有信心,害怕做不好,所以还没尝试就习惯性地退缩,有时干脆拖着不做,不开始就不会失败。

我肯定不行!

你遇到难题时会怎么做?

😐 想尝试又怕应对不了,会找爸爸妈妈帮忙。

☹ 不想理会,会一直拖着不去处理。

😄 自己慢慢摸索、想办法,总能解决的。

「事情拖着不做」
有什么影响

我有个知识点没听懂,想着总有机会弄明白的,就一直没去思考,也没向老师、同学请教。直到期末试卷上出现了类似的题,**才后悔没早点儿把问题解决掉。**

周末,老师留了一个手工作业。我觉得太难了,自己完成不了,想请妈妈帮忙。可妈妈出差了,周日晚上才回来。我就想等妈妈回来再一起做。**可拖着拖着就忘了,结果周一上课时全班就我没完成。**

我学了一段时间的油画,正好朋友的生日快到了,就向朋友承诺画幅画送给他作为生日礼物。但我一时不知道画什么,就一直没动笔。明天就是朋友的生日了,**为了不食言,我只能熬夜画了。**

认清"拖一拖"的真面目

> 遇到难题拖着不做,是因为自信心不足,害怕做错或失败,不想面对不好的评价,极力逃避失败带来的后果。

> 觉得自己搞不定的事情,向爸爸妈妈求助,他们肯定会帮着解决,所以拖一拖也没什么关系。

> 对于困难或自己不喜欢的任务,有畏难情绪,会因为心理压力不想面对,不想挑战自己,逃避现实,因而一拖再拖。

把"我不行"变成"我可以"

克服依赖心理

遇到问题时要明确这是自己的事,
不要总想着让别人帮忙,先自己想办法。
别人帮再多次不如自己做一次。

勇于尝试

勇敢迈出第一步,不要害怕失败,
失败是在积累经验。
自己慢慢摸索出的方法才会印象深刻,
也会有很强的成就感。

我知道怎么做了!

分解难题

可以把问题细化,确定难易程度,
先挑简单的去做,增加信心。
等熟悉了步骤,掌握了方法,
剩下的难题很容易就化解了。

调整好心态

遇到事情不给自己找逃避的借口,
要给自己加油打气,积极面对。

06 没了借口，时间会有多爱你

当我们遭遇失败时，总习惯给自己找借口，而不是寻找原因，这样只会一直原地踏步。

这次发挥失常了！

为什么喜欢给自己找借口？

害怕别人对自己失望。

学习成绩低于自己的预期。

感觉自己已经足够努力了。

你认为学习效果不好是时间不够用吗

⏳ 有时候会感觉时间不够，不过也是我自己没注意，浪费了时间。

⏳ 学习方法很重要，如果用对方法，在短时间内也会取得好的学习效果。

⏳ 还是自己学习不够认真，该学习的时候没有专心，才会感觉时间不够用。

⏳ 每天放学回家都觉得时间不够用，作业总是完不成，该复习的也没复习。

总找借口,后患无穷

↘ 无法真正进步

当我们遭遇失败后,如果总是找借口,就无法正视自己的问题和不足,难以做出有针对性的改进,从而阻碍个人的成长和进步。

↘ 缺乏自我认知

总是找借口会让我们对自己的认识产生偏差,无法客观地看待自己的能力和表现,也就难以准确地评估自己的优势和劣势。

↘ 错过机会

总是找借口会让我们错过很多成长和发展的机会。因为我们没有从失败中吸取教训,所以在面对类似的机会时,还是会以同样的方式失败。

与其找借口，不如想想解决办法

明白失败是学习过程中的一部分，每个人都可能遇到。
不要因为一次失败就气馁，要勇敢地面对。

回顾学习过程，看看是哪里出了问题， 比如是否认真听讲、是否按时完成作业、是否掌握了正确的学习方法等。

重新规划时间，制订合理的任务量， 调整学习方法，不能重蹈覆辙。

07 如何高效利用课间时间

课间 10 分钟，你都在做什么呢？是和同学们打闹，还是抓紧时间准备下节课要用的书本呢？

这道题我终于懂啦！

课间你在做什么？

- 整理上节课的笔记。
- 准备下节课用的书本。
- 喝水、运动、看远方、放空大脑。
- 和同学说说笑笑。

10分钟能干什么

 利用10分钟可以上一趟厕所，避免上课时去厕所耽误课程。

 利用10分钟可以喝口水，或者伸伸懒腰，活动活动身体。

 如果能利用好课间10分钟，还能做很多事：闭目养神，让大脑短暂休息；回忆刚才的课堂知识，加深印象；静下心思考问题，锻炼思维能力；做眼保健操，让眼睛放松，保护视力。

课间时间该如何安排

放松身心,活动身体,做做深呼吸,缓解长时间坐着带来的疲劳,更好地迎接下一节课的学习。

预习下节课内容,大致了解知识点和重点难点,这样在上课的时候可以更有针对性地听讲,提高学习效率。

如果有不懂的问题,可以在课间向老师请教或与同学交流。

节省10分钟，挑战不可能

时间也可以积少成多，
每天的时间是由很多个10分钟组成的。

如果一天少浪费10分钟，
一年就能节省3650分钟，
大约相当于61个小时。

给自己定个小目标，
比如每天用10分钟背首古诗，
用10分钟记5个单词，
用10分钟朗读一篇文章，等等。

08 什么时间学习会更高效

一天中的黄金时间有限，错过最佳学习时间，其他时间再怎么努力好像效率都不是很高。你也是这样吗？

你知道自己每天的最佳学习时间是什么时候吗？

😆 **知道**，我知道自己在什么时间段学习效率最高。  ☹ **不知道**，我完全没考虑过这个问题。

不是所有时间都适合用来学习

早上 6 点前是睡觉时间，**要保证高质量的睡眠。**

中午 12 点左右是吃饭时间，**不要饿着肚子学习。**

午饭后可以休息一会儿，**为下午的学习打好基础。**

晚饭后到睡觉前的时间是学习的"黄金期"。

利用"黄金时间"学习就够了吗

↘ 在记忆力最好的时间段学习,可以提高学习效率,但不代表其他时间不用学习。

↘ 当学习任务繁重时,我们要学会分散学习时间,利用好碎片化时间来记忆一些知识。

↘ 健康的作息才能保证大脑的正常运转,别给自己太大压力,要注意劳逸结合。

要学会劳逸结合哟!

什么时间学习较高效

清晨,大脑最清醒

经过一夜的休息,清晨时大脑较为清醒,没有太多的干扰和负担。此时记忆力和专注力相对较好,适合进行一些需要记忆的学习任务,如背诵课文、英语单词等。

放学后至晚饭前

这个时间段家里通常比较安静,家长也可能在家。如果在学习过程中遇到问题,也可以及时向家长请教。

晚饭后一小时

晚饭后的这段时间,通常没有太多的事情干扰,可以专注地学习,提高学习效率。

09 四大记忆法,让你学习更轻松

一背诵课文就想睡觉,大脑不听使唤,一个小时过去了,什么也没记住。究竟是什么原因呢?是记忆力出现问题了吗?

你是不是也在这样记东西?

多花时间肯定能记住。

好不容易记下来了,很快又忘记了。

需要反复背诵才能记住。

为什么我总是记不住

⌛⌛⌛ **死记硬背不懂变通**，同样的题换一种考查方式就不会做了。离开书本就忘了，看着书又什么都想起来了。

⌛⌛⌛ 都是用眼睛看、用大脑记，**没有用笔写下来**，下次再遇到同样的知识点很难想起来。

又想不起来了！

⌛⌛⌛ 记的东西太多太杂，不懂**分类**，明明心里知道，就是说不出来。

四大记忆法
帮你轻松逆袭

联想记忆法

> 我们可以通过联想提高记忆效率。比如，学习英文单词"math"（数学）时，我们可以将它分成"ma"和"th"，"ma"代表"妈妈"，"th"代表"图画"，可以通过"妈妈用图画教我们数学"这句话来记住这个单词。

自问自答法

> 如果背书打瞌睡、走神，可以自问自答，随时保持清醒。专注力越好，记忆效果越好。

反复记忆法

> 我们背诵时，有时背了后面忘了前面。这时候，我们不妨把已经输入到大脑里的知识利用起来，通过反复输出来加强记忆，会记得更牢固。

艾宾浩斯记忆法

信息输入大脑后,遗忘也就随之开始了。遗忘率随时间的流逝而先快后慢,特别是在刚刚识记的短时间里,遗忘最快,这就是著名的艾宾浩斯遗忘曲线。遵循艾宾浩斯遗忘曲线所揭示的记忆规律,对所学知识及时进行复习,这种记忆方法就是**艾宾浩斯记忆法**。

艾宾浩斯认为,定期复习可以减慢遗忘的速度。

第一天早上:	A	第一天晚上:	A	第二天早上:	B	第二天晚上:	AB
第三天早上:	C	第三天晚上:	CD	第四天早上:	D	第四天晚上:	ACD
第五天早上:	E	第五天晚上:	BDE	第六天早上:	F	第六天晚上:	CEF

以此类推,我们可以通过反复记忆,记住要学的内容。

10 打败拖延"小怪兽"

明明不想拖延,但就是忍不住,自己也想改变,又不知道该怎么办。打败拖延"小怪兽",真的很难吗?

你想打败拖延"小怪兽"吗?

☹ 想,可是完全无法控制自己。

😆 我没有拖延症,不需要改变。

😐 不想,能拖一会儿是一会儿。

「喜欢拖延是一种什么心理」

逃避心理

逃避困难任务，逃避责任。不想承担任务带来的责任，所以通过拖延来推迟面对责任的时间。

恐惧心理

害怕失败，害怕压力。不开始就不会失败，拖延可以暂时逃避压力，让自己在当下感觉更轻松。

完美主义心理

追求完美结果，害怕表现不完美。总想把事情做到尽善尽美，觉得在没有充分准备好之前不能开始行动，于是不断拖延以等待那个"完美的时机"。

没有拖延"小怪兽"，你能变更好

✅ **知识掌握更扎实，成绩显著提升。**

戒掉拖延后，你能够及时完成作业、复习功课和预习新知识。戒掉拖延的过程也是培养良好学习习惯的过程。你会学会合理安排时间、制订学习计划、专注学习等。

✅ **自信心增强，自律能力提高。**

戒掉拖延需要强大的自律能力。在这个过程中，你会不断挑战自己，克服懒惰和诱惑，逐渐提高自律能力。自律能力的提升将使你在生活的各个方面都更加出色。